A wyddoch chi am
Rygbi Cymru?

diddorol

rhyfedd

anhygoel

anghredadwy

gwych

difyr

Diolch i Zac a Sam Archer a Morgan J. Jones am blannu'r hedyn ar gyfer y gyfres.

Cyhoeddwyd gyntaf yn 2015 gan
Wasg Gomer, Llandysul, Ceredigion, SA44 4JL
www.gomer.co.uk
ISBN 978 1 78562 022 5
ⓗ y testun: Alun Wyn Bevan, 2015 ©
ⓗ y cartwnau: Eric Heyman, 2015 ©

Mae Alun Wyn Bevan ac Eric Heyman wedi datgan eu hawl dan Ddeddf Hawlfreintiau, Dyluniadau a Phatentau 1988 i gael eu cydnabod fel awdur ac arlunydd y llyfr hwn.

Cedwir pob hawl. Ni chaniateir atgynhyrchu unrhyw ran o'r cyhoeddiad hwn, na'i gadw mewn cyfundrefn adferadwy, na'i drosglwyddo mewn unrhyw ddull na thrwy unrhyw gyfrwng, electronig, electrostatig, tâp magnetig, mecanyddol, ffotogopïo, recordio, nac fel arall, heb ganiatâd ymlaen llaw gan y cyhoeddwyr.

Noddwyd gan Lywodraeth Cymru.

Cyhoeddwyd dan nawdd Cynllun Adnoddau Addysgu a Dysgu CBAC.

Argraffwyd a rhwymwyd yng Nghymru gan Wasg Gomer, Llandysul, Ceredigion, SA44 4JL

Dymuna'r cyhoeddwyr ddiolch i'r canlynol am roi caniatâd i atgynhyrchu lluniau yn y llyfr hwn:

Clawr blaen: PA Images (Alessandra Tarantino/AP/Press Association Images; Brian Lawless/EMPICS Sport), Shutterstock (Fabio Alcini; marcokenya; Becky Stares/Shutterstock.com).

Alamy: t. 6 (cymrupix; Lordprice Collection), 7 (Andrew Lloyd/Alamy), 9 (Johnny Greig UK/Alamy), 10 (Curtseyes/Alamy), 12 (Robert Gilhooly/Alamy; Jeff Morgan 04/Alamy), 13 (ZUMA Press, Inc./Alamy; ZUMA Press, Inc./Alamy), 18 (Jeremy Inglis; sarah smith/Alamy), 19 (Greg Balfour Evans/Alamy), 22 (James Davies/Alamy; RugbyUnionWales/Alamy), 23 (keith morris/Alamy), 26 (Lordprice Collection/Alamy; Action Plus Sports Images/Alamy), 27 (Allstar Picture Library/Alamy.

Alun Wyn Bevan: t. 20.

BBC Cymru Wales: t. 15.

PA Images: t. 6 (Neal Simpson/EMPICS Sport; Alastair Grant/AP/Press Association Images; Mike Egerton/EMPICS Sport), 7 (MICHEL SPINGLER/AP/Press Association Images; Dita Alangkara/AP/Press Association Images; Mike Egerton/EMPICS Sport), 8 (David Davies/PA Archive/PA Images; Ross Land/AP/Press Association Images; SIMON BELLIS/LANDOV/Press Association Images), 11 (Andrew Matthews/PA Wire/Press Association Images), 12 (Andrew Matthews/PA Wire/Press Association Images; Francois Mori/AP/Press Association Images; Junji Kurokawa/AP/Press Association Images), 13 (PA/PA Archive/PA Images; EMPICS/EMPICS Sport; David Davies/PA Archive/PA Images), 14 (Themba Hadebe/AP/Press Association Images; David Davies/PA Wire/Press Association Images), 16 (Mike Egerton/EMPICS Sport; Alessandra Tarantino/AP/Press Association Images; MARK BAKER/AP/Press Association Images; Tom Hevezi/AP/Press Association Images), 17 (Alessandra Tarantino/AP/Press Association Images; Mike Egerton/EMPICS Sport), 19 (Tony Marshall/EMPICS Sport), 21 (S&G/S&G and Barratts/EMPICS Sport; David Davies/PA Archive/PA Images; David Davies/PA Archive/PA Images; Scott Heppell/AP/Press Association Images), 22 (Lynne Cameron/PA Archive/PA Images), 23 (Tony Marshall/EMPICS Sport; Joe Giddens/EMPICS Sport), 24 (Tony Marshall/EMPICS Sport), 25 (Andrew Matthews/EMPICS Sport; Brendan Donnelly/Demotix/Demotix/Press Association Images; Lynne Cameron/PA Archive/PA Images), 27 (Alastair Grant/AP/Press Association Images), 28 (Brian Lawless/EMPICS Sport; MAX NASH/AP/Press Association Images), 29 (Dita Alangkara/AP/Press Association Images; Ross Setford/AP/Press Association Images; TOM HEVEZI/AP/Press Association Images), 30 (John Smierciak/AP/Press Association Images; David Davies/PA Archive/PA Images; SIMON BELLIS/LANDOV/Press Association Images), 31 (David Davies/PA Archive/PA Images; Rick Rycroft/AP/Press Association Images), 32 (Tom Hevezi/AP/Press Association Images; Wayne Drought/AP/Press Association Images).

PhotolibraryWales.com: 9 (Andrew Orchard), 24 (Andrew Orchard), 27 (Andrew Orchard).

Shutterstock: t. 8 (RTimages), 9 (ChameleonsEye; hans engbers), 10 (Nazzu; Guillermo del Olmo; Africa Studio), 10 (papillondream; alexkar08; Yellowj), 14 (Andrey_Popov), 15 (Barnaby Chambers; Eldad Carin; BrAt82), 17 (Matthew Cole; Featureflash/Shutterstock.com; Levent Konuk), 18 (Ludvig; Kev Llewellyn), 19 (Becky Stares/Shutterstock.com; SmileStudio), 20 (Ludvig), 26 (Jane Rix), 29 (Joel_420), 30 (Daboost; ixpert), 31 (PHOTOCREO Michal Bednarek), 32 (1000 Words; Dave McAleavy.

Logo: t. 22 (Y Scarlets).

A wyddoch chi am Rygbi Cymru?

Alun Wyn Bevan
Cartwnau gan Eric Heyman

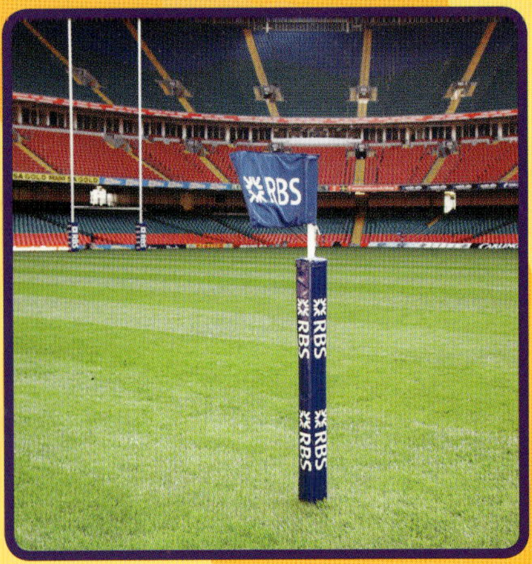
RBS

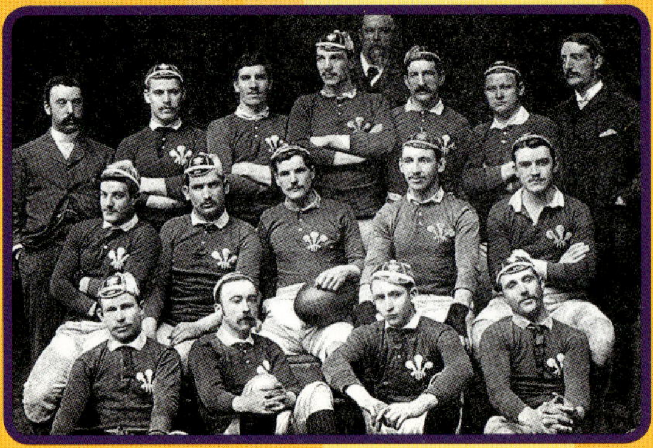

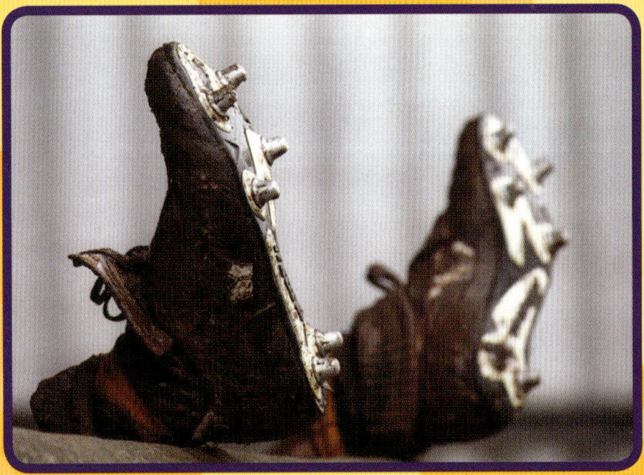

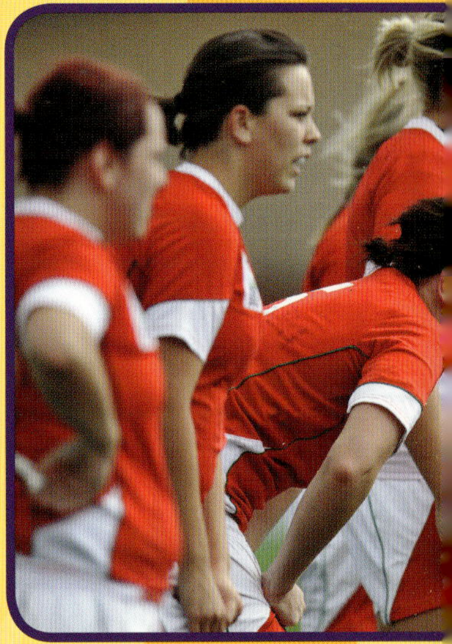

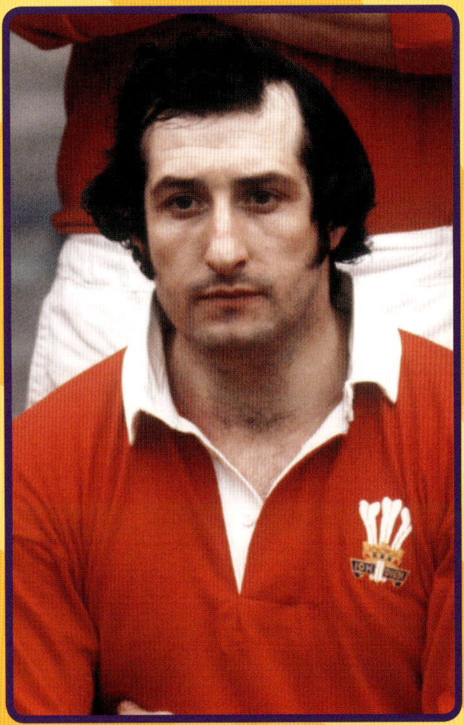

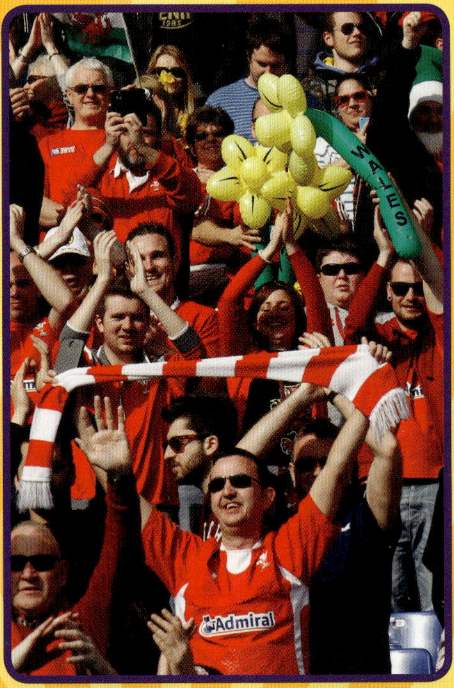
WALES
Admiral

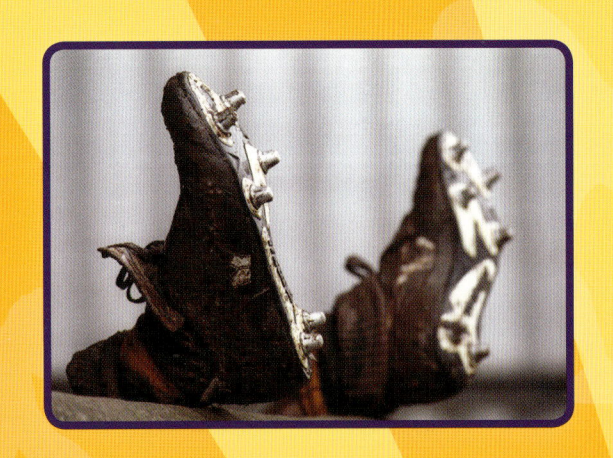

Cynnwys

Rygbi	6-7
Peli a Physt	8-9
Y Cae Rygbi	10-11
Y Wisg	12-13
Dyfarnu	14
Sylwebu	15
Caneuon a Phenillion	16-17
Stadia Rygbi	18-19
Undeb Rygbi Cymru	20
Chwaraewyr Cymru	21
Timau Rhanbarthol	22-23
Rygbi Merched Cymru	24-25
Pencampwriaeth y Chwe Gwlad	26-27
Cwpan y Byd	28-29
Teithiau Tramor	30-31
Anifeiliaid a Rygbi	32

Rygbi
A wyddoch chi ...

★ Cafodd y clwb rygbi cyntaf yng Nghymru ei sefydlu yng ngholeg Dewi Sant, Llanbedr Pont Steffan yn 1850.

C+A

CWESTIWN: Pryd chwaraeodd tîm rygbi swyddogol Cymru yn erbyn Lloegr am y tro cyntaf?

ATEB: Yn 1881. Ond wnaethon nhw ddim ennill gêm yn eu herbyn tan 1890.

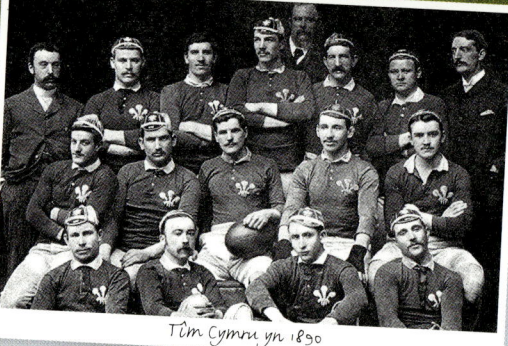

Tîm Cymru yn 1890

★ 15 chwaraewr sydd ym mhob tîm rygbi, a hyd at 8 eilydd ar y fainc.

★ Mae gêm yn cael ei rhannu'n ddau hanner o 40 munud yr un, gydag egwyl yn y canol, sef yr hanner amser.

★ Mae pob tîm yn amddiffyn un hanner o'r cae ac yn ymosod ar y llall.

★ Yn ystod hanner amser mae'r timau yn cyfnewid ochrau.

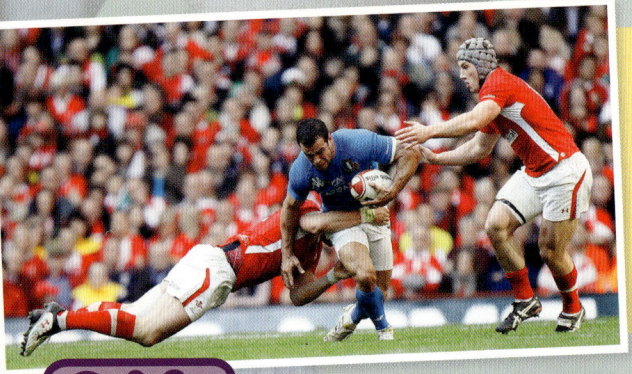

★ Nod pob tîm wrth chwarae rygbi yw:
- ceisio sgorio pwyntiau dros y tîm
- ceisio stopio'r tîm arall rhag sgorio pwyntiau drwy daclo chwaraewyr

Geirfa

sefydlu: creu, dechrau
swyddogol: rhywbeth pwysig sydd ag awdurdod yn perthyn iddo
eilydd: chwaraewr sbâr sy'n barod i gymryd lle rhywun arall
amddiffyn: gofalu am rywbeth neu rywle; diogelu
cyfnewid: newid am rywbeth arall

Ffaith!

Neil Jenkins sydd wedi sgorio'r nifer mwyaf o bwyntiau dros Gymru (1049).

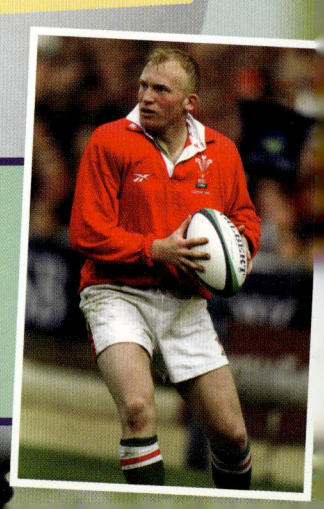

A wyddoch chi ...

★ Mae modd sgorio pwyntiau mewn sawl ffordd.

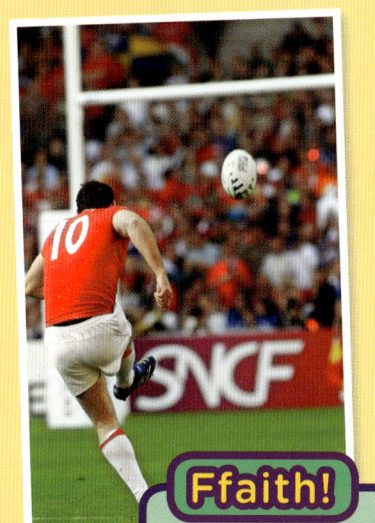

cais	5	croesi llinell gais y gwrthwynebwr a gosod y bêl ar y llawr
trosiad	2	cicio'r bêl dros y trawst a rhwng y pyst ar ôl sgorio cais
cic adlam	3	gollwng y bêl, ac wrth iddi gyffwrdd â'r llawr, ei chicio dros y trawst a rhwng y pyst
cic gosb	3	yr hawl i gicio'r bêl dros y trawst a rhwng y pyst os oes chwaraewr neu chwaraewyr o'r tîm arall wedi troseddu

Ffaith!
Yn 1886, dim ond un pwynt oedd yn cael ei roi am gais!

★ Mae modd sgorio cais drwy dirio'r bêl, sef gosod y bêl ar y llawr:
- ar y llinell gais
- tu hwnt i'r llinell gais
- yn erbyn gwaelod y postyn

★ George North yw'r chwaraewr ifancaf erioed i sgorio cais yn ei gêm gyntaf dros ei wlad (18 oed a 214 diwrnod).

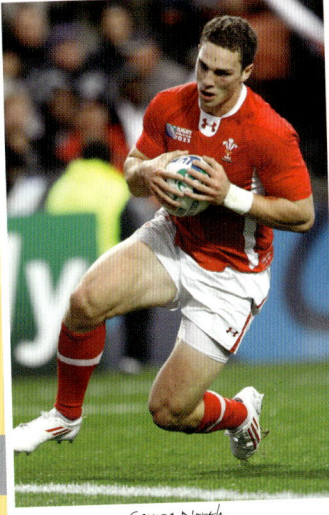

George North

★ Mae chwaraewyr yn ennill cap am chwarae mewn gêm dros eu gwlad.

★ Gethin Jenkins sydd wedi ennill y nifer mwyaf o gapiau dros Gymru (114).

★ Mae'r chwaraewyr canlynol hefyd wedi ennill dros gant o gapiau i Gymru:
- Stephen Jones (104)
- Martyn Williams (100)
- Gareth Thomas (100)

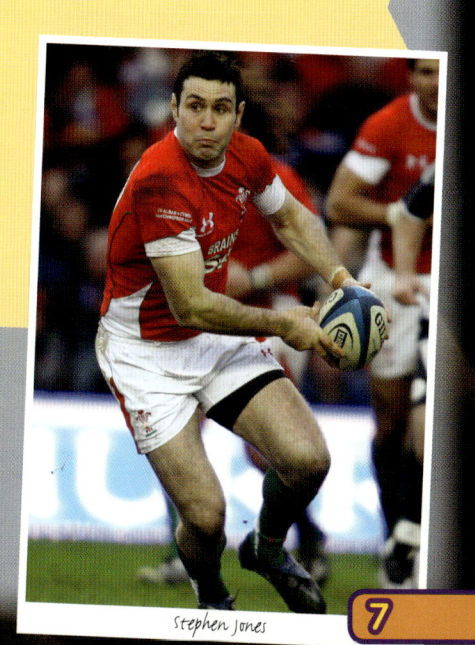

Geirfa
gwrthwynebwr: rhywun sydd yn eich erbyn
trawst: pren mawr rhwng dau bostyn sy'n eu cynnal
troseddu: torri rheol mewn gêm
tirio: gosod ar y ddaear

Stephen Jones

7

Peli a Physt
A wyddoch chi ...

Pêl rygbi

★ Mae defnyddiau arbennig yn cael eu defnyddio i greu peli rygbi er mwyn gwneud yn siŵr eu bod yn:
- cadw eu siâp
- gallu cael eu defnyddio ym mhob math o dywydd

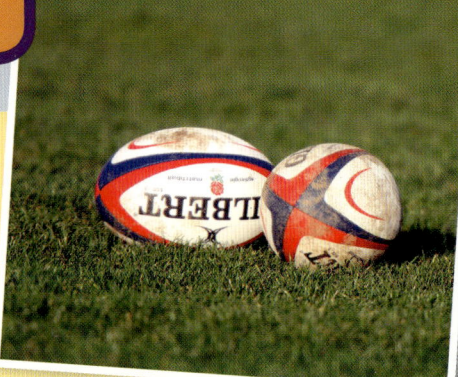

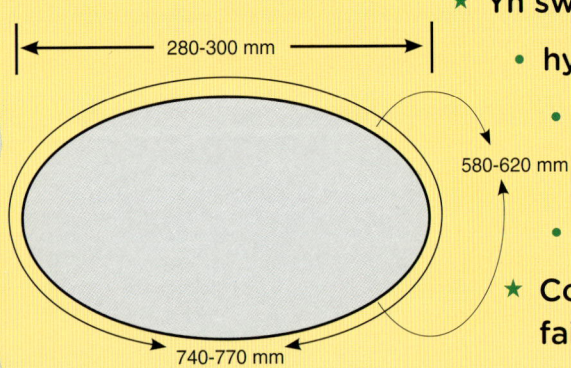

★ Yn swyddogol, mae pob pêl rygbi yn mesur:
- hyd = 280-300 milimetr
- cylchedd (o un pen i'r llall) = 740-770 milimetr
- cylchedd (y lled) = 580-620 milimetr
- pwysau = 410-460 gram

★ Cofiwch fod peli rygbi mewn ysgolion yn llai o faint.

280-300 mm
580-620 mm
740-770 mm

★ Hirgrwn yw siâp pob pêl rygbi am ei bod yn haws ei dal.

★ Mae modd cario, pasio neu gicio pêl rygbi.

★ Does dim hawl taflu'r bêl ymlaen yn fwriadol.

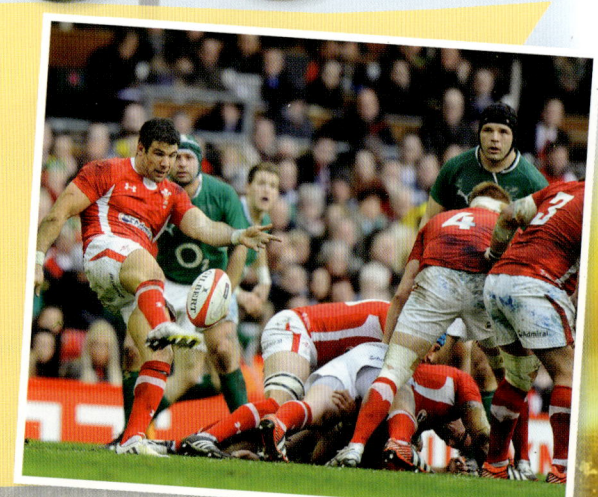

Geirfa

defnydd/defnyddiau: unrhyw beth sy'n cael ei ddefnyddio i wneud rhywbeth; stwff
cylchedd: y pellter o gwmpas ymyl cylch
gwasgedd aer: pwysau yr aer ar y ddaear
perfformiad: gwneud rhywbeth o flaen cynulleidfa

C+A

CWESTIWN: Pam mae gwasgedd aer pêl yn cael ei fesur cyn pob gêm swyddogol?

ATEB: Mae gwasgedd aer yn gallu cael effaith ar berfformiad chwaraewyr. Gall y bêl wneud niwed i fysedd chwaraewr os yw hi'n rhy galed.

A wyddoch chi ...

Pyst rygbi

★ Mae pyst ar **ffurf** y llythyren H ar y llinell gais ar bob pen o gae rygbi.

★ Rhaid i'r ddau bostyn hir fod yn uwch na 3.4 metr. Ond mae llawer o byst rygbi dipyn yn uwch na hyn.

★ Dylai'r ddau bostyn fod 5.6 metr oddi wrth ei gilydd, gyda'r trawst 3 metr o'r llawr.

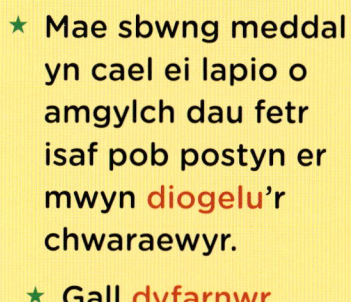

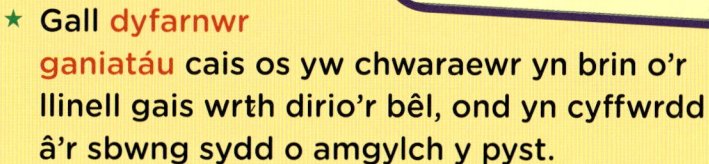

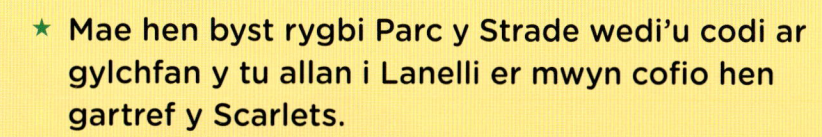

★ Mae sbwng meddal yn cael ei lapio o amgylch dau fetr isaf pob postyn er mwyn **diogelu**'r chwaraewyr.

★ Gall **dyfarnwr ganiatáu** cais os yw chwaraewr yn brin o'r llinell gais wrth dirio'r bêl, ond yn cyffwrdd â'r sbwng sydd o amgylch y pyst.

★ Mae hen byst rygbi Parc y Strade wedi'u codi ar gylchfan y tu allan i Lanelli er mwyn cofio hen gartref y Scarlets.

★ Mae dwy sosban wedi'u gosod ar ben y pyst coch a gwyn er mwyn cofio am:

- hanes Llanelli fel canolfan cynhyrchu tin
- y gân 'Sosban Fach', sef anthem draddodiadol y clwb

Parc y Strade

Geirfa

ffurf: siâp
diogelu: gwneud yn ddiogel neu'n saff
dyfarnwr: person sy'n gwneud yn siŵr fod chwaraewyr mewn gêm yn cadw at y rheolau
caniatáu: gadael i, rhoi hawl i, rhoi caniatâd i

Y Cae Rygbi
A wyddoch chi ...

★ Mae cae rygbi, sef y maes, fel arfer yn mesur:
- 100 metr o ran hyd
- 70 metr o ran lled

★ Mae 14 **lluman** ar gae rygbi. Mae'r rhain a'r llinellau yn dangos lle mae **ffiniau**'r cae.

★ Tirmon yw'r person sy'n gofalu am gae rygbi.

Llinellau gwyn

★ Mae hylif gwyn trwchus, sy'n **gymysgedd** o baent, sialc a dŵr yn cael ei ddefnyddio i farcio llinellau ar gae rygbi.

★ Mae peiriant tair olwyn ar gael i wneud y gwaith marcio.

Ceisfa

★ Y geisfa yw'r darn tir sydd rhwng y llinell gais a'r llinell gwsg.

★ Dyma'r man y mae chwaraewyr yn sgorio cais.

★ Dylai'r geisfa fesur 10-22 metr o ran hyd a 70 metr o ran lled.

Ffaith!
Fel arfer, mae tirmon yn marcio tua 600 metr o linellau ar gyfer gêm!

C+A
CWESTIWN: Pam mai dim ond 4 metr yw ceisfa cae rygbi Tre-gŵyr yn Nyffryn Llwchwr?

ATEB: Oherwydd bod rheilffordd gerllaw!

Geirfa
lluman: baner fach, fflag
ffin/ffiniau: y llinell sy'n gwahanu dwy ardal
cymysgedd: rhywbeth wedi'i wneud allan o lawer o bethau gwahanol wedi'u cymysgu gyda'i gilydd

A wyddoch chi ...

Cae Rodney Parade

★ Rodney Parade yng Nghasnewydd yw'r unig gae ym Mhrydain sy'n gartref i dri thîm, sef:
- tîm pêl-droed proffesiynol Casnewydd (Newport County)
- tîm rygbi proffesiynol y Dreigiau
- tîm rygbi lled broffesiynol Casnewydd

★ Mae'r gwair yn cael ei dorri dair gwaith yr wythnos gan beiriannau costus yn ystod y gwanwyn a'r haf.

★ Does dim angen torri'r gwair yn y gaeaf, ond mae peiriannau'n rholio dros ben y gwair er mwyn sicrhau ei fod yr un mor fyr â chae criced neu lawnt fowlio.

★ Mae haenau trwchus o dywod, cerrig mân a graean o dan wyneb y cae er mwyn stopio chwyn rhag tyfu.

Ffaith!

Pan fydd hi'n bwrw glaw, mae glaw'n treiddio drwy'r gwair ac yn cyrraedd pibellau sy'n cario'r dŵr i'r guteri.

C+A

CWESTIWN: Pa dîm o ogledd Cymru sy'n chwarae ar Barc Eirias?
ATEB: Rygbi Gogledd Cymru (RGC 1404).

C+A

CWESTIWN: Pa dîm o'r Cymoedd sy'n chwarae ar Heol Sardis?
ATEB: Pontypridd.

Geirfa

proffesiynol: rhywun sy'n cael ei dalu i wneud rhywbeth
peiriant/peiriannau: dyfais sy'n cael ei ddefnyddio i wneud gwaith yn haws
haen/haenau: math o got denau o rywbeth naill ai uwchben rhywbeth arall neu oddi tano
graean: tywod bras yn gymysg â cherrig mân
treiddio: torri i mewn neu drwy rywbeth

Y Wisg
A wyddoch chi ...

★ Mae chwaraewyr rygbi'n gwisgo crys, siorts, sanau ac esgidiau rygbi.

Ffaith!

Er diogelwch y chwaraewyr, ni ddyla'r stýds ar esgidiau rygbi fod yn hirach na 21 milimetr.

Rhifau a llythrennau

★ Rhwng 1881 ac 1949 roedd cefn crysau chwaraewyr Cymru naill ai'n cynnwys rhifau, llythrennau neu ddim byd o gwbl!

★ Rhifau oedd ar grysau'r chwaraewyr pan drechodd Cymru y Crysau Duon o 3-0 yng Nghaerdydd yn 1905.

★ Gwisgodd Cymru rifau ar eu crysau mewn gêm ym Mhencampwriaeth y Pum Gwlad am y tro cyntaf yn 1922 yng Nghaerdydd yn erbyn Lloegr.

★ Cafodd llythrennau eu defnyddio am y tro olaf yn ystod tymor 1948/49.

★ Cafodd y system rifo bresennol ei defnyddio o dymor 1960/61 ymlaen.

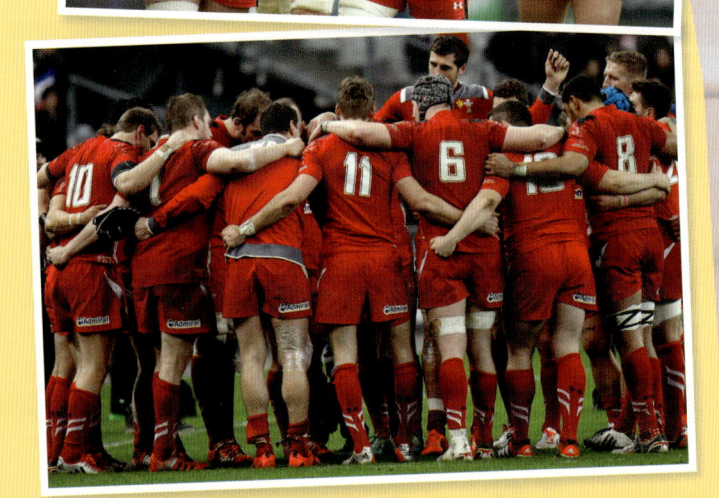

C+A

CWESTIWN: Slawer dydd, pam y byddai rhai chwaraewyr yn gwrthod gwisgo'r rhif 13 ar gefn eu crysau?

ATEB: Rhag ofn ei fod yn anlwcus!

Geirfa

trechodd/trechu: curo, gorchfygu
presennol: rhywbeth sy'n digwydd yn awr

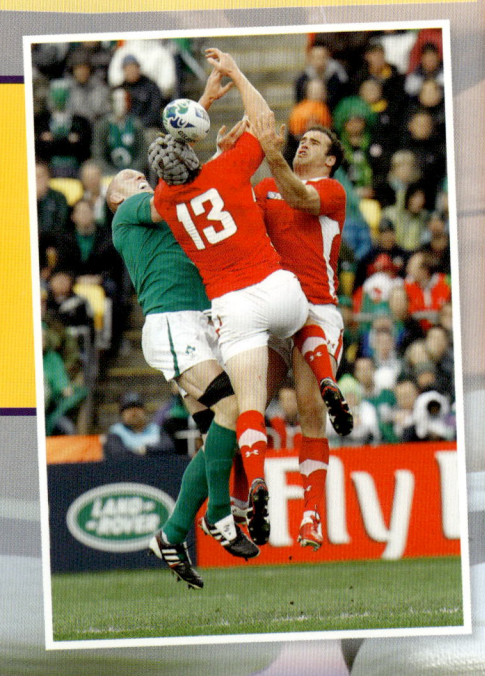

A wyddoch chi ...

Y Crysau Cochion

★ Mae tîm rygbi Cymru wedi gwisgo crysau cochion a thair pluen ar y frest ers 1881.

★ Ond mae gwisg tîm rygbi Cymru wedi newid tipyn dros y blynyddoedd.

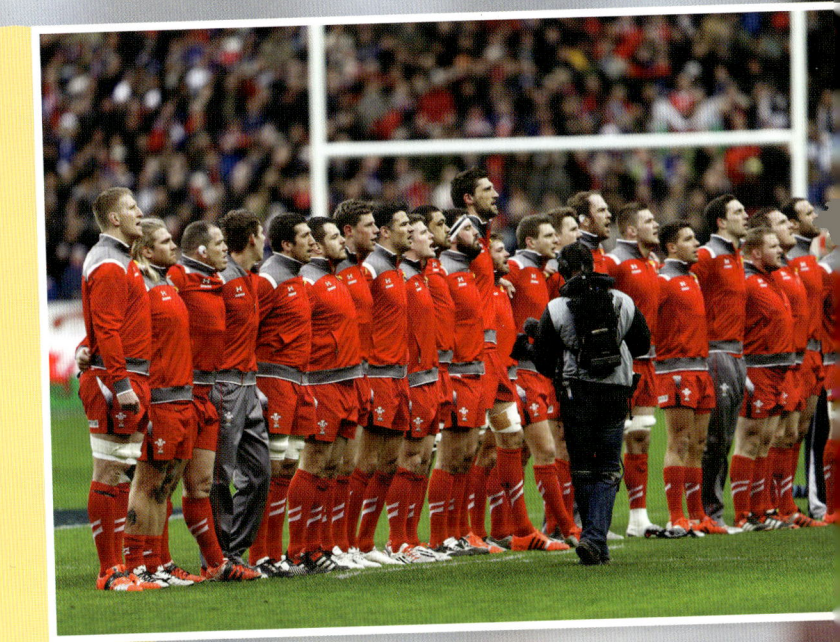

★ I ddechrau, doedd dim angen meddwl am wisgo lliw gwahanol i goch gan fod crysau lliw gwahanol gan eu gwrthwynebwyr:

- gwyn – Lloegr
- aur – Awstralia
- glas – Ffrainc, yr Alban, yr Eidal
- du – Seland Newydd
- gwyrdd – Iwerddon, De Affrica
- glas a gwyn – yr Ariannin

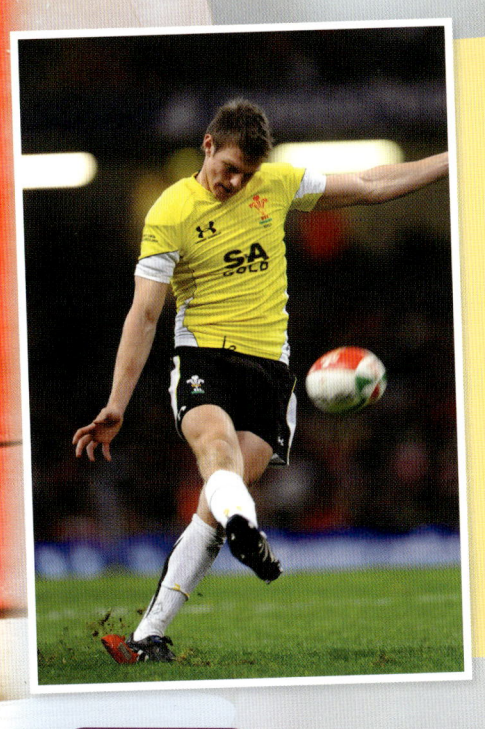

★ Yna, dechreuodd Cymru chwarae yn erbyn gwledydd oedd hefyd yn gwisgo crysau cochion, er enghraifft, Canada, yr Unol Daleithiau, Tonga a Japan.

★ Ers dechrau chwarae yn erbyn y gwledydd hyn mae tîm Cymru wedi gwisgo crysau lliw du, llwyd, gwyn, melyn a gwyrdd.

Ffaith!

Pan fydd dau dîm yn gwisgo'r un lliw crys, y tîm cartref sy'n gorfod gwisgo crysau lliw gwahanol.

Geirfa

brest: rhan flaen eich corff rhwng y gwddf a'r bola

Dyfarnu
A wyddoch chi ...

★ Mae gan ddyfarnwyr sawl rôl mewn gêm rygbi:
- sicrhau bod y chwaraewyr yn cadw at y rheolau ac yn chwarae'n deg
- cadw'r amser
- cadw'r sgôr
- cyfathrebu â chwaraewyr drwy ddefnyddio llais a chwiban

★ Mae'n rhaid i ddyfarnwyr fod yn heini iawn gan fod disgwyl iddynt redeg i fyny ac i lawr y cae ar ôl y chwaraewyr rygbi.

C+A
CWESTIWN: Sawl dyfarnwr sydd yng Nghymru?
ATEB: Mae 2 315 o ddyfarnwyr o dan reolaeth Undeb Rygbi Cymru, a thri o ddyfarnwyr proffesiynol, sef Nigel Owens, Ben Whitehouse a Craig Evans.

Ffaith!
Gareth Simmonds oedd y Cymro cyntaf i ddyfarnu gêm rygbi yn Wembley, a hynny yn 1992.

Nigel Owens
★ Mae Nigel Owens, y dyfarnwr rygbi undeb rhyngwladol o Gwm Gwendraeth, wedi dyfarnu mewn:
- 57 gêm ryngwladol
- 85 gêm Ewropeaidd
- 22 gwlad wahanol

★ Dim ond dau ddyfarnwr sydd erioed wedi dyfarnu dwy rownd derfynol o Gwpan Heineken yn olynol, sef Nigel Owens ac Alain Rolland.

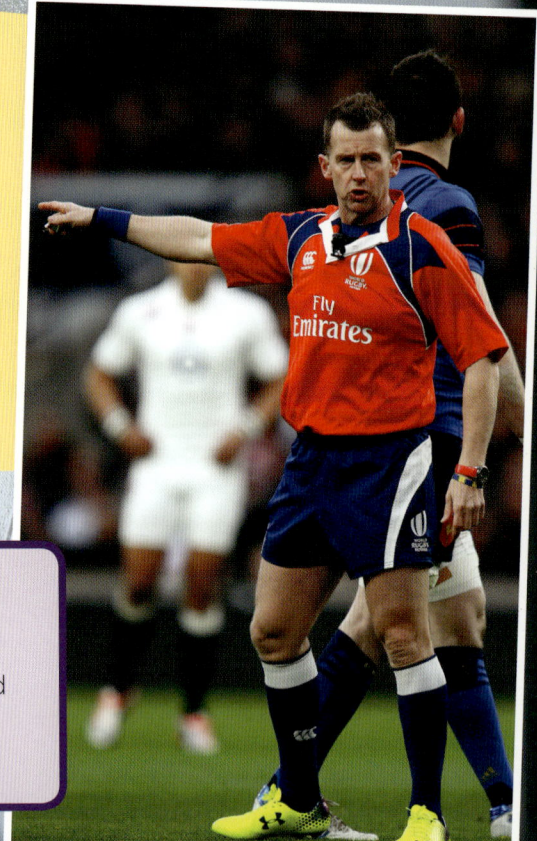

Geirfa
cyfathrebu: rhannu gwybodaeth
rheolaeth: rheoli pobl neu bethau
rhyngwladol: rhywun neu rywbeth sy'n perthyn i fwy nag un wlad
rownd derfynol: y rownd olaf
olynol: rhywun neu rywbeth sy'n dilyn ei gilydd, un ar ôl y llall

Nigel Owens

Sylwebu
A wyddoch chi ...

★ Does dim rhaid sefyll wrth ochr cae neu fynd i stadiwm i wylio gêm rygbi gan fod modd gwylio llawer o gêmau ar y teledu neu wrando arnyn nhw ar y radio.

★ Rôl sylwebydd yw rhoi disgrifiad o gêm fel bod y gwylwyr ar y teledu neu'r gwrandawyr ar y radio yn gwybod yn union beth sy'n digwydd.

★ Cafodd sylwebaeth Gymraeg ei darlledu gyntaf ar y radio yn ystod y 1950au.

★ Eic Davies oedd y sylwebydd Cymraeg cyntaf ar y radio.

★ Ef sydd wedi creu'r rhan fwyaf o'r termau rygbi Cymraeg rydyn ni'n eu defnyddio heddiw, er enghraifft:
- trosedd
- ystlys
- cic adlam
- cais
- mewnwr
- maswr
- blaenasgellwr

Geirfa
sylwebydd/sylwebwyr: rhywun sy'n rhoi sylwebaeth
sylwebaeth: disgrifiad trwy siarad am gêm ar y radio neu'r teledu
darlledu: anfon rhywbeth allan ar y radio neu'r teledu

★ Huw Llywelyn Davies, mab Eic Davies, oedd y sylwebydd Cymraeg cyntaf ar y teledu, a hynny pan ddechreuodd S4C ddarlledu yn 1982.

Caneuon a Phenillion
A wyddoch chi ...

★ Mae canu caneuon mewn gêmau rygbi yn dipyn o draddodiad i gefnogwyr yng Nghymru, yn enwedig mewn gêmau rhyngwladol.

'Hen Wlad fy Nhadau'

★ Cafodd y gân ei chanu fel anthem genedlaethol am y tro cyntaf yn 1905 yn y gêm rhwng Cymru a'r Crysau Duon fel ymateb i'r 'Haka'. Mae'n debyg fod y canu wedi ysbrydoli tîm Cymru ac wedi codi ofn ar dîm y Crysau Duon!

★ Erbyn hyn mae tîm Cymru a'r cefnogwyr yn canu'r anthem cyn pob gêm ryngwladol.

C+A

CWESTIWN: Pam y bu'n rhaid i'r dorf ganu'r anthemau heb y timau yn y gêm rhwng Cymru a Lloegr yn 1963?

ATEB: Roedd y cae wedi rhewi'n galed ac roedd y timau'n cynhesu yn yr ystafelloedd newid!

Ffaith!

Mae llinell o'r anthem genedlaethol, sef 'Pleidiol wyf i'm gwlad', yn ymddangos ar ochr darnau punt a gafodd eu creu yn 1985, 1990, 1995 a 2000!

Geirfa

traddodiad: arferiad sy'n cael ei drosglwyddo o un genhedlaeth i'r llall

cefnogwr/cefnogwyr: rhywun sy'n cefnogi

anthem genedlaethol: y gân swyddogol y mae gwlad yn ei chanu i'w chynrychioli

16

A wyddoch chi ...

'Calon Lân'

★ Cafodd yr emyn hwn ei **gyfansoddi** yn y 19eg ganrif.

★ Canodd Only Boys Aloud yr emyn yn ystod rownd derfynol y rhaglen *Britain's Got Talent* yn 2012, a llwyddo i ddod yn drydydd yn y gystadleuaeth.

★ Dyma rai caneuon eraill sy'n cael eu canu mewn gêmau rygbi:
- 'I bob un sydd ffyddlon'
- 'Hymns and Arias' – cân gan Max Boyce
- 'Delilah' – un o ganeuon y canwr o Bontypridd, Tom Jones
- 'Cwm Rhondda'

Max Boyce

Tom Jones

'Sosban Fach'

★ Cân y Scarlets yw hon i bob pwrpas, ond mae cefnogwyr hefyd yn ei chanu hi pan fydd y tîm cenedlaethol yn chwarae.

Geirfa
cyfansoddi: creu cerddoriaeth newydd

Stadia Rygbi
A wyddoch chi ...

Stadiwm	Lleoliad	Niferoedd
Stadiwm y Mileniwm	Caerdydd	74 500
Stadiwm Dinas Caerdydd	Caerdydd	33 316
Stadiwm y Liberty	Abertawe	20 750
Y Cae Ras	Wrecsam	15 500
Parc y Scarlets	Llanelli	14 870
BT Parc yr Arfau	Caerdydd	12 500
Rodney Parade	Casnewydd	9 092
Parc Pont-y-pŵl	Pont-y-pŵl	8 800
Cae'r Bragdy	Penybont-ar-ogwr	8 000
Parc Eugene Cross	Glyn Ebwy	8 000
Heol Sardis	Pontypridd	7 861
Y Gnoll	Castell-nedd	6 000
Parc Eirias	Bae Colwyn	6 000
Sain Helen	Abertawe	4 500
Cae'r Talbot Athletig	Aberafan	3 000

★ **Stadiwm y Liberty** – dyma gartref y Gweilch a thîm pêl-droed Abertawe.

★ **Cae'r Bragdy a'r Gnoll** – weithiau mae'r Gweilch yn chwarae gêmau yma hefyd.

★ **Parc Eirias** – dyma ganolfan Rygbi Gogledd Cymru (RGC 1404). Mae gêmau tîm dan 20 Cymru yn cael eu chwarae ar y campws hefyd.

★ **Stadiwm Dinas Caerdydd a'r Cae Ras** – er mai dau stadiwm pêl-droed yw'r rhain, mae gêmau rygbi'n cael eu chwarae ynddynt weithiau.

★ **Parc Pont-y-pŵl a Heol Sardis** – cafodd gêmau rhyngwladol eu chwarae yma adeg Cwpan Rygbi'r Byd yn 1991.

Geirfa
rhewi'n gorn: rhewi'n galed

C+A
CWESTIWN: Pam cafodd gêm ryngwladol ei chwarae ar gae criced y Strade yn 1887?
ATEB: Oherwydd bod y cae rygbi gerllaw wedi rhewi'n gorn!

A wyddoch chi ...

Stadiwm y Mileniwm

★ Stadiwm y Mileniwm yw stadiwm cenedlaethol Cymru, a hwn yw'r stadiwm mwyaf yn y wlad.

★ Cafodd ei adeiladu mewn pryd ar gyfer Cwpan Rygbi'r Byd yn 1999.

★ £120 000 000 (£120 miliwn) oedd cost adeiladu'r stadiwm.

★ Mae modd cau'r to yno, ac mae'n cymryd 22 munud i'w gau.

C+A

CWESTIWN: Sawl stadiwm rygbi sydd yn y byd lle mae modd cau'r to?

ATEB: Dau stadiwm. Stadiwm y Mileniwm yng Nghaerdydd a Forsyth Barr yn ninas Dunedin yn Seland Newydd.

★ Mae lliwiau'r seddi ar y gwahanol lefelau yn cynrychioli gwahanol bethau:
- coch – draig
- gwyrdd – prydferthwch ein gwlad
- gwyrdd a glas ar ffurf tonnau – agosrwydd y môr

★ Mae llawer o enwogion byd roc wedi cynnal cyngherddau yn y stadiwm, gan gynnwys Paul McCartney, Madonna, Bruce Springsteen, Rihanna, Rod Stewart, Stereophonics, Oasis a'r Manic Street Preachers.

Geirfa

cenedlaethol: rhywbeth sy'n perthyn i wlad neu genedl
cynrychioli: dangos neu awgrymu
agosrwydd: rhywbeth sy'n agos
enwogion: pobl sy'n enwog
cyngerdd/cyngherddau: lle y mae cynulleidfa yn gwrando ar gerddorion

Ffaith!

Mae 760 powlen tŷ bach yn Stadiwm y Mileniwm! Dim ond 250 powlen tŷ bach sydd yn Stadiwm y Liberty!

Undeb Rygbi Cymru
A wyddoch chi ...

★ Cafodd Undeb Rygbi Cymru ei ffurfio yng Ngwesty'r Castell yng Nghastell-nedd ar 12 Mawrth, 1881.

★ Mae'r gwesty'n dal i fod yn y dref, ac mae cofeb hardd yn y cyntedd i atgoffa pawb o'r cyfarfod hanesyddol.

★ Yn dilyn y cyfarfod cafodd 11 clwb eu ffurfio:
- Aberhonddu
- Abertawe
- Bangor
- Caerdydd
- Casnewydd
- Llanbedr Pont Steffan
- Llandeilo
- Llanelli
- Llanymddyfri
- Merthyr Tudful
- Pont-y-pŵl

★ Bellach mae 298 o glybiau o Fôn i Fynwy.

★ Mae 26 o'r prif glybiau'n chwarae mewn dwy adran:
- y 12 tîm gorau sy'n cystadlu yn Uwch-adran Principality
- mae'r gweddill yn herio'i gilydd yng Nghyngrair Pencampwriaeth SWALEC

Geirfa
cofeb: rhywbeth sydd wedi'i godi er mwyn i bobl gofio am rywun neu rywbeth
atgoffa: gwneud i rywun gofio rhywbeth
herio: cynnig her i rywun

Chwaraewyr Cymru
A wyddoch chi ...

★ Ydych chi'n gwybod i ba ysgol gynradd yr aeth y chwaraewyr adnabyddus yma?

Enw	Ysgol Gynradd	Safle
Gareth Edwards	Ysgol Gynradd Gwauncaegurwen	Mewnwr
Ray Gravell	Ysgol Gynradd Mynydd-y-garreg	Canolwr
Shane Williams	Ysgol Gynradd Glanaman	Asgellwr
Stephen Jones	Ysgol y Dderwen, Caerfyrddin	Maswr
Dwayne Peel	Ysgol Gynradd y Tymbl	Mewnwr
George North	Ysgol Gynradd Bodffordd ac Ysgol Gymuned y Fali	Asgellwr
Leigh Halfpenny	Ysgol Gynradd Pontybrenin	Cefnwr
Mike Phillips	Ysgol Gynradd Bancyfelin	Mewnwr
Gethin Jenkins	Ysgol Gynradd y Beddau	Prop
Jonathan Davies	Ysgol Gynradd Bancyfelin	Canolwr
Jamie Roberts	Ysgol y Wern, Caerdydd	Canolwr
Sam Warburton	Ysgol Gynradd Llanisien Fach	Blaenasgellwr
Robin McBryde	Ysgol Gymuned Llanfechell	Bachwr

★ Oedd chwaraewyr rygbi adnabyddus yn arfer bod yn ddisgybl yn eich ysgol gynradd chi?

Gareth Edwards
Dwayne Peel
Gethin Jenkins
Jonathan Davies

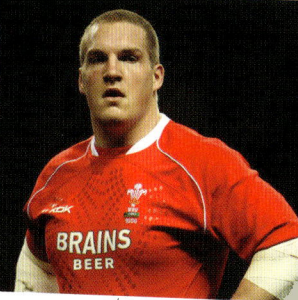

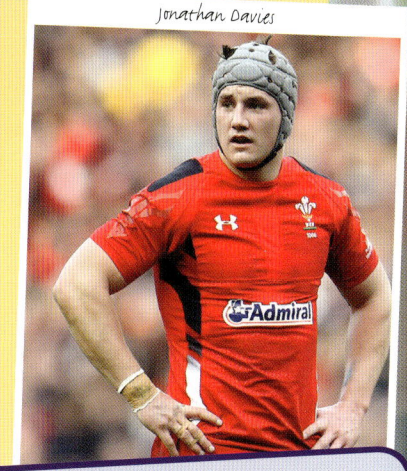

Llysenwau

★ Mae llysenw diddorol iawn gan nifer o chwaraewyr rygbi, er enghraifft:
- Jonathan Davies – Foxy (am fod ei rieni'n arfer cadw'r dafarn Fox and Hounds ym Mancyfelin ger Caerfyrddin)
- Jamie Roberts – Doc (am ei fod wedi hyfforddi i fod yn ddoctor)
- Leigh Halfpenny – Pence (am fod y gair 'ceiniog' yn ei gyfenw)

Geirfa

adnabyddus: gair i ddisgrifio rhywun neu rywle mae pobl yn gwybod amdano
llysenw: enw sy'n cael ei ddefnyddio yn lle enw iawn person
hyfforddi: dysgu sut i wneud rhywbeth
cyfenw: eich enw olaf, sydd yr un peth ag enw'r teulu

21

Timau Rhanbarthol
A wyddoch chi ...

★ Yn 2003, penderfynodd Undeb Rygbi Cymru ffurfio pedwar tîm rhanbarthol proffesiynol, sef y Scarlets, y Gweilch, y Dreigiau a'r Gleision.

Y Scarlets

Lleoliad	Lle i	Ardal y cefnogwyr	Lliw'r crysau	Masgot
Parc y Scarlets, Trostre ger Llanelli	14 870	Gorllewin a Gogledd Cymru. Yn cynnwys y clybiau canlynol o Uwch-adran y Principality: Llanelli, Llanymddyfri, Cwins Caerfyrddin.	Coch lliw sgarlad	Cochyn y Ddraig

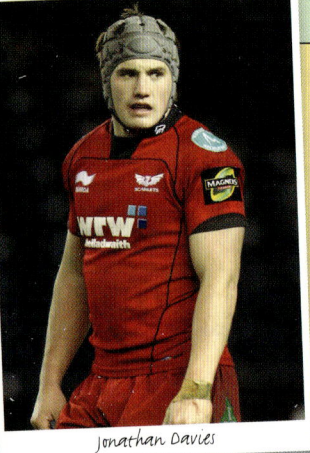

- Prif sgoriwr pwyntiau: Rhys Priestland (1064)
- Prif sgoriwr ceisiau: Jonathan Davies (36)
- Y chwaraewr a chwaraeodd fwyaf i'r clwb: Phil John (277)

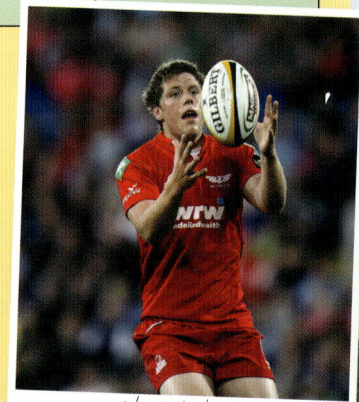

Jonathan Davies

Rhys Priestland

Y Gweilch

Lleoliad	Lle i	Ardal y cefnogwyr	Lliw'r crysau	Masgot
Stadiwm y Liberty, Abertawe	20 750	Cymoedd Llwchwr, Tawe, Nedd, Afan, a Llynfi. Yn cynnwys y clybiau canlynol o Uwch-adran y Principality: Castell-nedd, Aberafan, a Phen-y-bont.	Du	Ozzie yr Osprey

- Prif sgoriwr pwyntiau: Dan Biggar (1765 pwynt)
- Prif sgoriwr ceisiau: Shane Williams (57)
- Y chwaraewr a chwaraeodd fwyaf i'r clwb: Duncan Jones (223)

Duncan Jones

Geirfa

cefnogwr/cefnogwyr: person sy'n cefnogi

A wyddoch chi ...

Y Gleision

Lleoliad	Lle i	Ardal y cefnogwyr	Lliw'r crysau	Masgot
BT Parc yr Arfau, Caerdydd	12 500	Caerdydd, Bro Morgannwg, Cymoedd Cynon a Thaf a De Powys. Yn cynnwys y clybiau canlynol o Uwch-adran y Principality: Pontypridd a Chaerdydd.	Glas golau a glas tywyll	Bruiser

- Prif sgoriwr pwyntiau: Ben Blair (1078)
- Prif sgoriwr ceisiau: Tom James (39)
- Y chwaraewr a chwaraeodd fwyaf i'r clwb: Taufa'ao Felise (196)

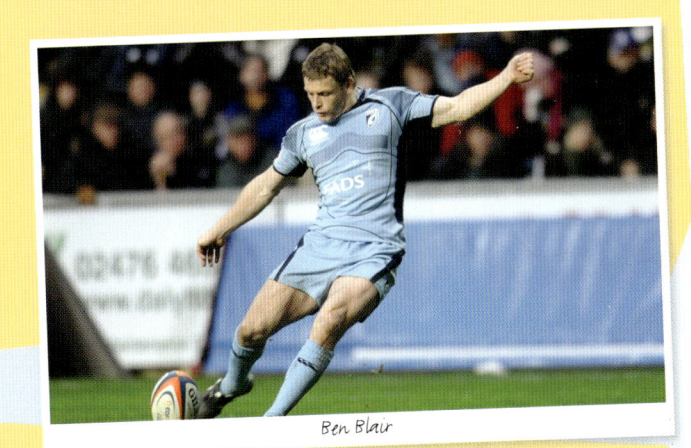

Ben Blair

Y Dreigiau

Lleoliad	Lle i	Ardal y cefnogwyr	Lliw'r crysau	Masgot
Rodney Parade, Casnewydd	9 097	Casnewydd a chymoedd Gwent. Yn cynnwys y clybiau canlynol o Uwch-adran y Principality: Bedwas, Casnewydd, Cross Keys, a Glyn Ebwy.	Melyn, coch a du	Rodney

- Prif sgoriwr pwyntiau: Jason Tovey (834)
- Prif sgoriwr ceisiau: Aled Brew (43)
- Y chwaraewr a chwaraeodd fwyaf i'r clwb: Steve Jones (180)

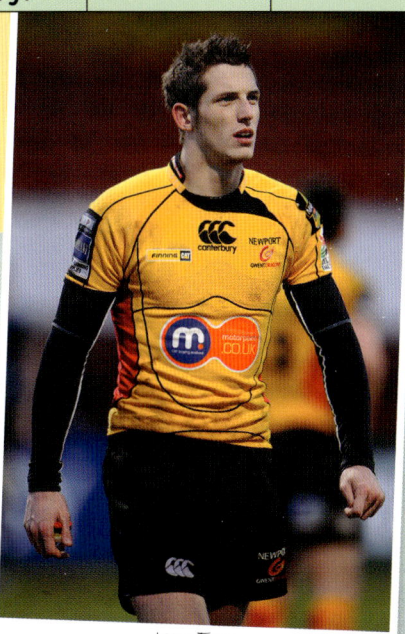

Rhanbarth Gogledd Cymru
★ Penderfynodd Undeb Rygbi Cymru **ffurfio** RGC 1404 (Rygbi Gogledd Cymru) yn 2010.

Jason Tovey

Ffaith!
Mae'r rhif 1404 yn **cyfeirio** at y flwyddyn pan ddaeth Owain Glyndŵr yn Dywysog Cymru.

Geirfa
ffurfio: cael ei greu; datblygu
cyfeirio: tynnu sylw at

Rygbi Merched Cymru
A wyddoch chi ...

★ Slawer dydd roedd rhai yn erbyn y ffaith fod merched yn chwarae rygbi.

★ Yn 1917, yn ystod y Rhyfel Byd Cyntaf, cafodd gêm rygbi merched ei chwarae ar Barc yr Arfau rhwng Caerdydd a Chasnewydd. Tîm Caerdydd oedd yn buddugol o 6-0.

★ Roedd bron pob chwaraewr yn nhîm Caerdydd yn gwisgo penwisg!

Non Evans

★ Non Evans yw un o chwaraewyr rygbi menywod mwyaf llwyddiannus Cymru.

★ Enillodd ei chap cyntaf yn 1996, ac aeth ymlaen i ennill 87 cap dros ei gwlad.

★ Non sydd wedi sgorio'r nifer mwyaf o:
  • bwyntiau dros Gymru (489)
  • geisiau dros Gymru (64 cais)

★ Mae hi wedi chwarae yn safle'r asgellwr a'r cefnwr.

★ Non Evans yw'r unig ferch i gystadlu mewn tair camp wahanol yng Ngêmau'r Gymanwlad, sef jiwdo, reslo a chodi pwysau. Enillodd ddwy fedal arian yn y gystadleuaeth jiwdo.

Geirfa

buddugol: gair i ddisgrifio rhywun neu rywbeth sy'n ennill

penwisg: defnydd sy'n cael ei wisgo am y pen i gadw'r gwallt o'r wyneb

llwyddiannus: gair i ddisgrifio rhywun neu rywbeth sydd wedi llyddo

safle: y lle y mae rhywun yn chwarae o fewn tîm

Ffaith!

Louise Rickard oedd y ferch gyntaf i ennill 100 cap dros Gymru.

A wyddoch chi ...

Tîm Rygbi Merched Cymru

★ Mae'r rheolau ar gyfer rygbi merched a rygbi dynion yn union yr un peth.

★ Gêm swyddogol gyntaf tîm merched Cymru oedd yn erbyn tîm merched Lloegr yn 1987.

★ Cafodd Cwpan Rygbi'r Byd i ferched ei gynnal gyntaf yn 1991, a hynny yng Nghaerdydd.

★ Mae tîm Cymru wedi chwarae mewn chwe Chwpan y Byd ers hynny a daethon nhw'n bedwerydd yn 1994.

★ Sefydlwyd Undeb Rygbi Merched yng Nghymru yn 1994.

★ Trefnwyd Pencampwriaeth y Pedair Gwlad yn 1996 gyda Lloegr, Iwerddon, yr Alban a Chymru'n cystadlu.

★ Ddwywaith yn unig y mae tîm merched Cymru wedi maeddu tîm merched Lloegr, a hynny ar gae Clwb Rygbi Ffynnon Taf yn 2009 a 2015 yn Sain Helen, Abertawe.

Ffaith!

Mae swyddi llawn amser gan y rhan fwyaf o'r merched sydd yn nhîm rygbi merched Cymru.

Geirfa

cynnal: gwneud i rywbeth ddigwydd

C+A

CWESTIWN: Pa gae ym Mhort Talbot sydd wedi cael ei ddefnyddio yn y gorffennol ar gyfer gêmau rhyngwladol i ferched?
ATEB: Cae y Talbot Athletig.

25

Pencampwriaeth y Chwe Gwlad
A wyddoch chi ...

★ Mae Pencampwriaeth y Chwe Gwlad yn cael ei chynnal bob blwyddyn.

★ Dim ond chwe gwlad o Ewrop sy'n cystadlu yn y bencampwriaeth hon, sef Cymru, Lloegr, yr Alban, Iwerddon, Ffrainc a'r Eidal.

★ Mae pob tîm yn chwarae unwaith yn erbyn pob tîm arall.

★ Mae pwyntiau'n cael eu rhoi i'r timau ar ôl pob gêm:
  • 2 bwynt i'r tîm sy'n ennill   • 1 pwynt am ddod yn gyfartal
  • 0 pwynt am golli

Gwlad	Enillwyr y Goron Driphlyg	Blwyddyn
Lloegr	24	1883, 1884, 1892, 1913, 1914, 1921, 1923, 1924, 1928, 1934, 1937, 1954, 1957, 1960, 1980, 1991, 1992, 1995, 1996, 1997, 1998, 2002, 2003, 2014
Cymru	20	1893, 1900, 1902, 1905, 1908, 1909, 1911, 1950, 1952, 1965, 1969, 1971, 1976, 1977, 1978, 1979, 1988, 2005, 2008, 2012
Iwerddon	10	1894, 1899, 1948, 1949, 1982, 1985, 2004, 2006, 2007, 2009
Yr Alban	10	1891, 1895, 1901, 1903, 1907, 1925, 1933, 1938, 1984, 1990

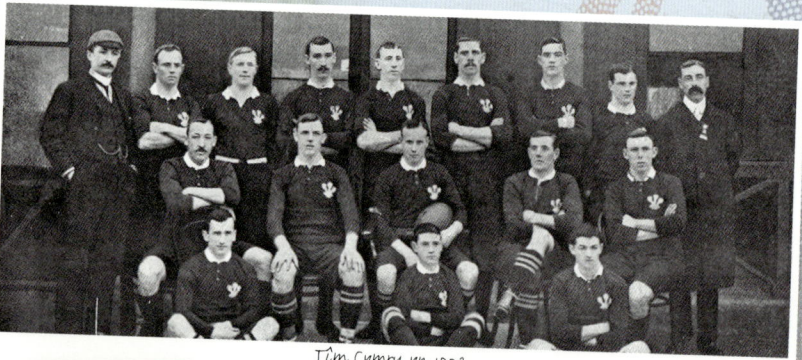

Tîm Cymru yn 1902

Ffaith!
Nid oedd unrhyw rygbi rhyngwladol wedi cael ei chwarae yn ystod y rhan fwyaf o'r 1940au oherwydd yr Ail Ryfel Byd.

Geirfa
cyfartal: o'r un maint â rhywbeth arall (o ran gwerth, nifer ac ati)

Y Goron Driphlyg
★ Cymru, yr Alban, Iwerddon a Lloegr yw'r unig dimau sy'n cystadlu am y Goron Driphlyg yn ystod y bencampwriaeth.

★ Rhaid i dîm ennill pob gêm yn erbyn y tair gwlad arall o'r Deyrnas Unedig er mwyn ennill y Goron Driphlyg.

A wyddoch chi ...

Y Gamp Lawn

★ Mae'r chwe thîm yn y bencampwriaeth yn cystadlu am y Gamp Lawn.

★ Rhaid i dîm ennill pob gêm yn erbyn pob tîm yn y gystadleuaeth er mwyn ennill y Gamp Lawn. Mae hynny'n dipyn o gamp!

★ Mae Gethin Jenkins, Adam Jones a Ryan Jones wedi bod yn rhan o dîm buddugol Cymru mewn tair Camp Lawn, tair Coron Driphlyg a phedair Pencampwriaeth Chwe Gwlad!

Gethin Jenkins ac Adam Jones

Gwlad	Enillwyr y Gamp Lawn	Blwyddyn
Lloegr	12	1913, 1914, 1921, 1923, 1924, 1928, 1957, 1980, 1991, 1992, 1995, 2003
Cymru	11	1908, 1909, 1911, 1950, 1952, 1971, 1976, 1978, 2005, 2008, 2012
Ffrainc	9	1968, 1977, 1981, 1987, 1998, 2002, 2004, 2010
Yr Alban	3	1925, 1984, 1990
Iwerddon	2	1948, 2009
Yr Eidal	0	

Ffaith!

Cymru oedd y tîm cyntaf erioed i ennill y Gamp Lawn, a hynny yn 1908!

C+A

CWESTIWN: Sawl litr y gall Cwpan y Gamp Lawn ei ddal?

ATEB: Mae Cwpan y Gamp Lawn yn ddigon mawr i ddal 3.75 litr, neu bum potel o champagne!

27

Cwpan y Byd
A wyddoch chi ...

★ Mae'r timau rhyngwladol gorau yn y byd yn cystadlu yng Nghwpan Rygbi'r Byd bob pedair blynedd.

★ Erbyn hyn mae 20 tîm yn rhan o'r bencampwriaeth.

★ Mae Cymru wedi cystadlu ym mhob Cwpan y Byd ers yr un cyntaf oll yn 1987.

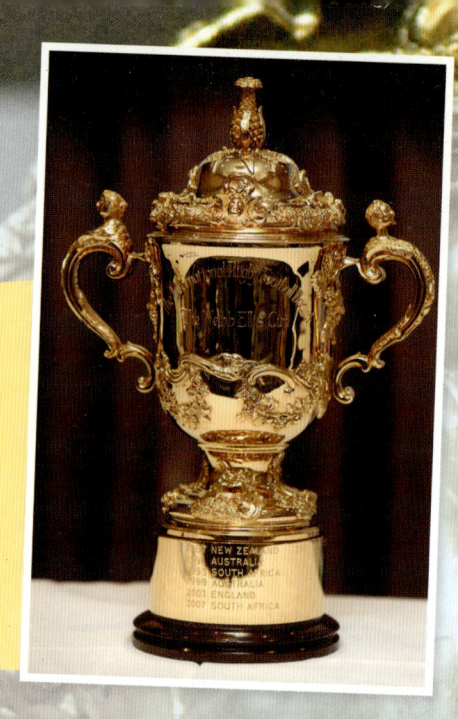

Ffaith!

Yr un chwiban sy'n cael ei defnyddio ar ddechrau pob gêm agoriadol yng Nghwpan y Byd. Cafodd y chwiban ei chwythu am y tro cyntaf gan Gil Evans, dyfarnwr o Gymru, oedd yn dyfarnu'r gêm rhwng Lloegr a Seland Newydd yn 1905.

Cwpan Rygbi'r Byd, 1987-2019

Blwyddyn	Lleoliad y Rownd Derfynol	Enillwyr	2il safle	3ydd safle
1987	Eden Park, Auckland	Seland Newydd	Ffrainc	Cymru
1991	Twickenham, Llundain	Awstralia	Lloegr	Seland Newydd
1995	Ellis Park, Johannesburg	De Affrica	Seland Newydd	Ffrainc
1999	Stadiwm y Mileniwm, Caerdydd	Awstralia	Ffrainc	De Affrica
2003	Stadiwm Telstra, Sydney	Lloegr	Awstralia	Seland Newydd
2007	Stade de France, Paris	De Affrica	Lloegr	Yr Ariannin
2011	Eden Park, Auckland	Seland Newydd	Ffrainc	Awstralia
2015	Twickenham, Llundain			
2019	Stadiwm Genedlaethol Tokyo			

Geirfa
agoriadol: y cyntaf

C+A
CWESTIWN: Pan gafodd Cwpan y Byd ei chynnal yng Nghymru yn 1999, faint o bobl wyliodd y gystadleuaeth ar y teledu?
ATEB: 3 000 000 000 (3 biliwn) o bobl!

A wyddoch chi ...

★ Buddugoliaeth fwyaf Cymru yn rowndiau terfynol Cwpan y Byd yw 81-7 yn erbyn Namibia yn 2011.

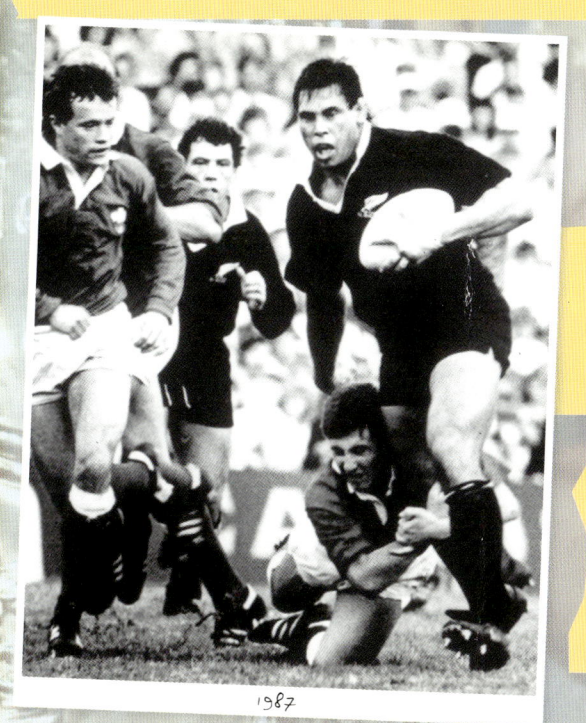

★ Colled fwyaf Cymru yng Nghwpan y Byd yw 6-49 yn erbyn Seland Newydd yn 1987.

★ Neil Jenkins yw'r chwaraewr sydd wedi sgorio'r nifer mwyaf o bwyntiau dros Gymru yng Nghwpan y Byd (98). Stephen Jones sydd yn ail (95).

★ Prif sgoriwr ceisiau Cymru yn y gystadleuaeth yw Shane Williams â chyfanswm o 10 cais (2003, 2007, 2011).

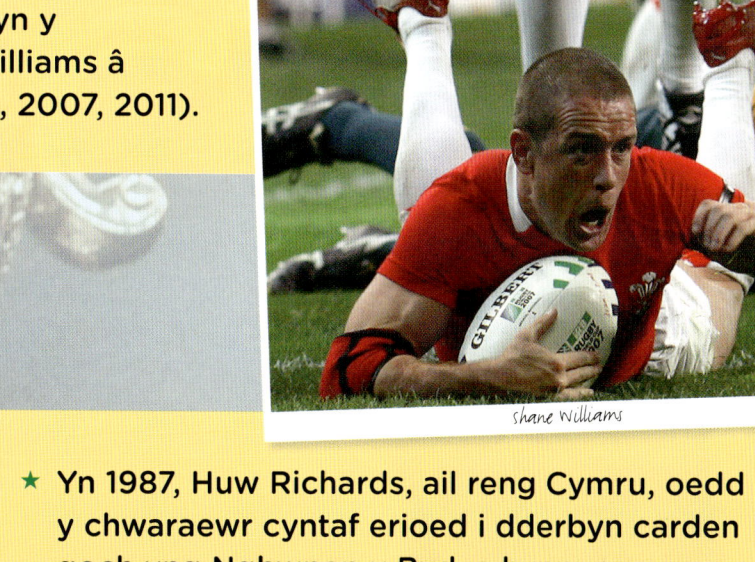

★ Yn 1987, Huw Richards, ail reng Cymru, oedd y chwaraewr cyntaf erioed i dderbyn carden goch yng Nghwpan y Byd, a hynny yn y rownd gynderfynol yn erbyn Seland Newydd!

Ffaith!

Dim ond 16 o chwaraewyr yng Nghwpan Rygbi'r Byd sydd erioed wedi cael eu hanfon oddi ar y cae ar ôl cael carden goch. Sam Warburton yw'r un diweddaraf.

Geirfa

colled: y weithred o golli

cyfanswm: yr hyn rydych chi'n ei gael ar ôl ychwanegu nifer o symiau at ei gilydd

Teithiau Tramor
A wyddoch chi ...

★ Taith dramor gyntaf tîm rygbi Cymru oedd i Dde Affrica yn 1964. Enillodd tîm De Affrica o 24-3 yn ninas Durban.

C+A

CWESTIWN: Rhwng 1964 a 2014 mae Cymru wedi chwarae 29 gêm yn Hemisffer y De yn erbyn Awstralia, Seland Newydd a De Affrica, ond sawl gwaith mae Cymru wedi ennill yno?
ATEB: Dim ond unwaith, a hynny yn erbyn Awstralia yn 1969!

★ Yn ystod y chwarter canrif diwethaf mae Cymru wedi trefnu teithiau swyddogol i Ynysoedd Môr y De, yr Ariannin, Japan, Namibia, Zimbabwe, Canada a'r Unol Daleithiau. Enillodd Cymru 25 o'r 29 gêm a chwaraewyd.

★ Mewn gêm rhwng Cymru a'r Ariannin ym Mhatagonia yn 2006, canodd Billy Hughes y ddwy anthem genedlaethol gan ei fod yn gallu siarad Cymraeg a'r Sbaeneg. Roedd rhai pobl yn siarad Cymraeg yn rhugl ond yn cefnogi yr Ariannin.

Ffaith!

Enillodd Sam Warburton ei gap cyntaf dros Gymru ar daith dramor i'r Unol Daleithiau, a hynny ym Mharc Toyota, Chicago, yn 2009.

★ Enillodd Tavis Knoyle ei gap cyntaf yn bell iawn o gartref, ar Gae Carisbrook yn Dunedin, Seland Newydd - 11967 o filltiroedd i ffwrdd!

★ A meddyliwch am Alun Wyn Jones, Ian Evans, James Hook a Richard Hibbard yn ennill eu capiau cyntaf ym Mhorth Madryn, Patagonia - 7497 o filltiroedd i ffwrdd!

Sam Warburton

Alun Wyn Jones

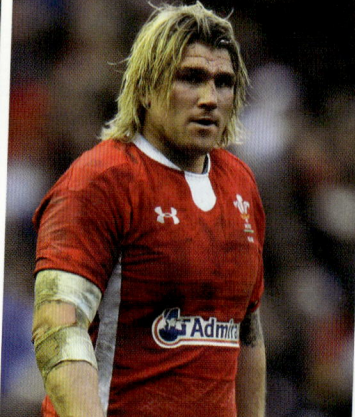

Richard Hibbard

Geirfa

rhugl: rhywun sy'n siarad neu'n ysgrifennu yn rhwydd

A wyddoch chi ...

Tîm y Llewod

★ Mae tîm y Llewod yn mynd ar daith bob pedair blynedd.

★ Y chwaraewyr gorau o dimau Cymru, Lloegr, Iwerddon a'r Alban sy'n cael eu dewis i fod yn nhîm rygbi Llewod Prydain ac Iwerddon.

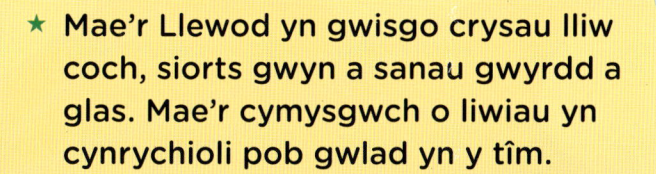

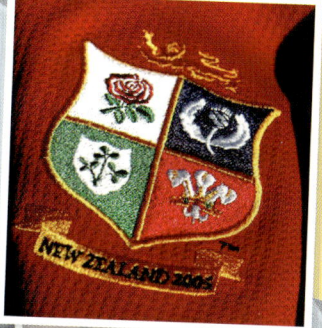

★ Mae'r Llewod yn gwisgo crysau lliw coch, siorts gwyn a sanau gwyrdd a glas. Mae'r cymysgwch o liwiau yn cynrychioli pob gwlad yn y tîm.

★ Mae arfbais y pedair gwlad wedi'u cyfuno i greu emblem y Llewod.

★ Bu 15 o chwaraewyr Cymru yn rhan o daith dathlu 125 mlynedd y Llewod yn 2013, sef Leigh Halfpenny, Alex Cuthbert, George North, Shane Williams, Jonathan Davies, Jamie Roberts, Mike Phillips, Richard Hibbard, Adam Jones, Ian Evans, Alun Wyn Jones, Dan Lydiate, Taulupe Faletau, Justin Tipuric a Sam Warburton (capten).

C+A

CWESTIWN: Pwy yw capten ifancaf erioed tîm y Llewod?

ATEB: Sam Warburton. Arweiniodd y garfan i'w cyfres fuddugol gyntaf ers 16 mlynedd yn 2013 pan oedd yn 24 mlwydd oed.

Geirfa

arfbais: tarian arbennig sydd â lluniau, lliwiau a phatrymau arni yn cynrychioli rhywun neu rywbeth
cyfuno: uno pethau
emblem: symbol sy'n cynrychioli

31

Anifeiliaid a Rygbi
A wyddoch chi ...

Defaid
★ Slawer dydd, byddai angen casglu defaid o gaeau rygbi Cwmllynfell a Brynaman cyn pob gêm gan eu bod yn pori ar y Mynydd Du gerllaw ac yn cael eu denu gan borfa'r meysydd chwarae.

Gwartheg
★ Yn 1925 bu'n rhaid stopio gêm rhwng Clwb Rygbi'r Aman a Llanelli am rai munudau gan fod pedair buwch wedi crwydro i'r cae!

Cadno
★ Rhedodd cadno allan i'r cae o flaen 82 000 o gefnogwyr mewn gornest Chwe Gwlad yn Twickenham rhwng Lloegr a'r Alban yn 2011.

Ceiliog
★ Llun ceiliog sydd ar fathodyn crysau rygbi Ffrainc. Slawer dydd, byddai ceiliogod yn cael eu rhyddhau ar y cae cyn y gic gyntaf er mwyn ysbrydoli'r chwaraewyr!

★ Yn Carisbrook, Dunedin yn Seland Newydd yn 2009 cuddiodd un cefnogwr geiliog o dan ei got. Rhedodd yr aderyn ar y cae o flaen yr eisteddle cyn y gic gyntaf ac ysbrydoli Ffrainc i ennill gyda sgôr annisgwyl o 27-22.

Geirfa
denu: temtio i ddod yn nes
gornest: cystadleuaeth
eisteddle: man eistedd lle y gallwch chi wylio gêm
annsigwyl: heb fod neb yn ei ddisgwyl